我可以，原谅……聊天时你的脱线，牵手时你的敷衍，逛街时你的心不在焉。

　　但我，无法原谅……连"我爱你"这三个字，你都懒得说。

让你爱上我，是我迄今为止，最想炫耀给全世界的，Big Thing!

当我抬起头，仰望着千万年不曾离散的纯美誓言。

我知道，其实你离我并不遥远。

爱是，捕风捉影的游戏。
我玩得满心欢喜，假装并没有输得一败涂地。
从你离开的，那一天起。

我会，不接你的电话打乱你的计划拨乱你的头发原谅你的谎话丢掉你送的花。
　　但我，不会忘掉你的情话。

就算人生海海，你是独特存在。

习惯用完即弃，喜欢若即若离。
我什么时候弄丢了，抵达地久天长的勇气？

放下你的握紧不放。
好不好？
忘掉你的念念不忘。
好不好？
或许爱上我，感觉也会不错。
我笑着对你说。
眼泪却不停往下落。

绝对彼氏

蒋雅楠 原作

王　强 绘图

黄河出版传媒集团
阳光出版社

图书在版编目（CIP）数据

绝对彼氏 / 蒋雅楠著，王强绘图. —银川：阳光出版社，2010. 2

ISBN 978-7-80620-553-2

Ⅰ. ①绝… Ⅱ. ①蒋… ②王… Ⅲ. ①青少年心理学—通俗读物 Ⅳ. ①B844.2-49

中国版本图书馆 CIP 数据核字（2010）第 021162 号

绝对彼氏

蒋雅楠 著　　王强 绘图

责任编辑　戎爱军　王佐红
封面设计　韩　燕
责任印制　王怀庆

黄河出版传媒集团
阳 光 出 版 社　出版发行

地　　址　银川市北京东路 139 号出版大厦（750001）
网　　址　www.nxcbn.com
网上书店　www.hh-book.com
电子信箱　nxhhsz@yahoo.cn
邮购电话　0951-5044614
经　　销　全国新华书店
印刷装订　宁夏捷诚彩色印务有限公司

开本　880mm×1230 mm　1/32　　印张 6.5　　字数 160 千
印刷委托书号（宁）0004803　　印数 8150 册
版次 2010 年 4 月第 1 版　　印次 2010 年 4 月第 1 次印刷
书号 ISBN 978-7-80620-553-2/Ⅰ·96

定价　20.00 元

目录。

爱上"懒惰"男

欣赏他的人，说："那是随性。"

讨厌他的人，说："完全是废柴。"

好朋友，说："和他在一起，我好担心你。"

不上心还是游离态，

没开窍还是没出息，

太邋遢还是没能力，

假象太多，真相看不清……

忐忑心情，怕被你蹉跎。

　　在我们的身边，经常会遇到这样的男生吧。也许个子不高，说话吞吞吐吐，却写得一手好文章。也许吵吵闹闹，疯疯傻傻，却有无穷多的鬼点子和能量，让人时刻快乐无比。也许总是拽着一张脸，对谁都是一副"你想怎样"的周杰伦腔调，但看见路边野猫时，眼睛里却闪耀出惊人的温柔光辉。也许是大多数人传说的不良少年，穿着白衬衣经过校门口时回头看了你一眼，你就固执地认为：一定不是那样的，一定是哪里弄错了。

　　常常会被人说：　"他真的是个很懒很懒的男生。"说这话的时候，那人会瞪大眼睛，用夸张的嘴形一个字一个字地强调"很懒很懒"，并带着颤抖悠长的尾音。就仿佛，一系列骇人听闻的"懒人事件"正在叙述者的脑海中案件回放。

　　其实也不过如此，绝不会比小时候妈妈恐吓我们"把大饼套在脖子上只吃掉前面半块于是饿死了"的传说更恐怖。（你难道懒得连脑袋都不愿转一转，只吃掉嘴边的一小块就提前饿死掉！）

　　他只不过每天都不整理头发，不把衣角拉平整，在上课铃停止前正好晃进教室。他最喜欢躺在床上吹空调，把笔记本放在肚皮上上网，困了就把身边的报纸零食推一推，然后蜷起身子睡觉。

　　有时候他经过你面前，嘴皮子都懒得动一下，只用眼角瞟你一眼，微微点头，已经算是他很有STYLE的招呼了。他从不作笔记，懒得交作业，大部分集体活动宣告缺席，宁愿塞着耳机晒太阳发呆。

就是这样一个总是慢半拍晃悠悠的"懒"男生，竟然会让自己有点小喜欢，小心跳？当从别人口中听到关于他的那些"懒人历史"，她不禁替自己刚刚开始的恋情捏一把汗。

"哎，孩子他爸，屋顶漏雨呢，快去找人来修！"

"哪里漏？我躺过来接着。正好口渴，又懒得下床倒水了。"

啊！！！真的是自己想象力太丰富吗？

赶紧去他的宿舍来个突然袭击，如果真的是个不务正业又懒又烂的家伙，试用期将无限延长，且实行无条件可退货政策。

　　果然在床上蒙头大睡，刚想叫醒他，室友对她说："昨晚好像研究到很晚呢。"翻开桌上的陌生课本，是与他的学习课程完全不一样的领域。室友说："看不懂了吧？我们也觉得奇怪，他怎么那么痴迷，经常一捣鼓就是大半天，不吃不喝成神仙。那股专注劲儿任谁都打扰不了，真让人佩服。"

　　索性不叫醒他，直接抱着橱柜里的那堆脏衣服去洗。好几件衣服上有厚厚油腻，应该是打工时穿了不少天。有几件则是汗臭扑鼻，可能是打完篮球就随手一丢。待会一定要问问他，是不是要存满十件衣服才值得一网打尽！

　　洗衣服的时候，不知为什么，她在心里竟然有些小小欣喜。那是一种被依赖，被需要的存在感。她想起妈妈曾经幸福地说过："能看着他对想做的事全力以赴，才知道成为他的坚强后盾是多么荣耀的一件事。"

　　其实回想和他交往的这段岁月，他也并不是一个极其懒散游离的人。

　　考试之前，三天不睡，把她的笔记本从头到尾啃了好几遍，虽然她笑他"早知今日忙，何必当初懒"，他们的分数却相差并不大。送她赶最早一班汽车回家，凌晨五点就等在她宿舍楼下，还充当人肉闹钟，不厌其烦地把她从甜美梦境中唤醒。

　　陪她逛街，三次以上还没露馅，从无怨言地帮她拎着包，从街道的一头走到另一边。就算他在路上遇到别人都是一副懒洋洋的腔调，却会因为想让她快乐而想尽办法。在一起的时候，他很少说话，问他想去哪里做什么，他总会说"你看啦，随你吧"，听她一通唠叨之后却总是只用寥寥几句就让她思路从此坚定清晰。

　　有一种"懒"男生，他们是最精明的动物。他们不像女生们喜欢把生活安排得丰富多彩，把兴趣时间尽量平摊给每一个细节，逛街读书谈恋爱，每一样都想精彩。他们也不像那些随大流的男生懵懵贪玩，不负责任地把自己未来都荒废。

　　而这种"懒"男生则喜欢集中精力主攻要害。无论学业游戏工作还是恋爱，只要他认为刺激好玩有挑战，其他一切统统靠边站。如果你看到一个男生疲疲沓沓无精打采，他只是没找到一个让他认为值得付出精力的人或事。一旦被点燃，定会全力出击，坚持到达终点站。

　　所以她终于知道，为什么她眼中的他，和别人眼中的他，是如此的不一样。因为她终于和他比和别人走得更近一点，于是能发现在他懒散外表的背后，其实是主次分明的忠贞感。

　　还是不要把别人的质疑告诉他。因为她知道，他听了以后必定眼角一斜，轻轻撇嘴："随便咯，懒得解释。随他们怎么想吧！"

最耀眼的太阳系男生

||||||||||||||

你最爱的，究竟是哪一型？
耍酷拽拽的冷酷男？
个性十足的闷骚男？
才华横溢的敏感男？
聪明狡黠的睿智男？
无论时代怎么变，阳光男生最耀眼！

　　你的身边一定会有这样的男人出没。

　　也许外表不是很帅气，但是干净得体。也许并非腰缠万贯，但是情趣盎然，品位优秀。也许并非事业成功，但是知识丰富，旁门左道的东西都略通一二。他们好像拥有无穷无尽的黄金小宇宙，随时随地引爆无限新鲜感。他们的巨大引力吸引了无数银河系中的小小星辰，在他们的影响下，熠熠生辉。他们，就好像希腊神话中的太阳神阿波罗，驾着金色战车轰轰烈烈，风风火火。

　　太阳星座男是高调张扬的。和传统男人的低调含蓄相反，太阳星座男大部分比较外露直接。他们特别注重面子问题，不收拾得体干净不会出门。他们会穿着印着巨大LOGO的名牌服装（或是A货）招摇过市。有人喜欢染头发，打耳钉，有人则是刺青族人。他们不常常表达对偶像的崇拜，但是一旦喜欢一样东西的时候会疯狂沉迷，不惜巨大代价弄到手。他们喜欢就说ok，不喜欢也勇于拒绝，不会有所谓的尴尬感觉。虽然这些直接会让人有些受不了。

太阳星座男是孩子气的。他们可能会吃完饭碗一丢就去对着电脑魔兽世界去了。他们可能会把女生交付的结婚筹备工作忘得一干二净。

　　让他们疯狂的，未必是金钱名望社会地位。让他们安心的，未必是朝九晚五老婆孩子热炕头。可能是一把吉他，可能是一支画笔，可能是一台哈雷机车，也可能是最新款的PSP游戏机。总之，这些让女生目瞪口呆的玩意是他们的压箱宝底。他们有时候是御宅男，有时候又是行动派，全凭当时当地的心情如何，表现也就如何。被批评的时候会轻描淡写，嘻哈应付。女生对他们怒其不争，却又无可奈何。谁忍心对一个纯真孩子下毒手？

太阳星座男具有极强辐射力的个性魅力。比如他们思维独立，见地独特。70年代及80年代出生的太阳男们表达自成体系，一本书，一本电影，抑或是搞怪逗趣，你绝对不会听到太阳男出现人云亦云的状况。

比如他们开朗幽默。跟他们在一起时，会不自觉沦为听众。一个个段子从他们嘴里冒出来，却一点都不会闷。他们深谙过犹不及的道理，讲故事、说笑话，永远留有半分余地。乐而不淫的境界是一种智慧。

比如他们想法发散跳跃，能量十足。太阳男一定是善变点子多的，而且绝对属于想到就要做的行动派。拦着他？要么跟你胡搅蛮缠，要么跟你拼命。这点让人感觉恐怖，因为他们常常会在郊游的时候拖着你离开大部队，不走寻常路。

喜欢太阳星座男的人会说他们活力满分，新意十足。不喜欢太阳星座男的人会说他们幼稚无聊，没有成熟男人样。不管如何，钢筋水泥中的都市男人，已经越来越被社会守则的条条框框打磨得日渐趋同，作为点缀偶尔出现的太阳星座男还是蛮招人喜欢的。

　　具有无穷无尽能量的太阳星座男无疑是招人喜爱的族群。太阳星座男张扬的个性，奔放的性格，大多集中在火相星座。比如直爽的白羊，如火的狮子以及自由的射手。而其中，白羊太过憨直，射手太重心机，又以既热烈又聪慧的狮子们为太阳星座男最优质的代表。

　　家有一宝哈哈笑，身边常常围绕着一个太阳星座男无疑是很哈皮的事情。但是，如果几个太阳聚集到一起，那就天雷勾动地火，一发不可收了。

　　几个太阳星座男约好3点碰头商议要事。A是主要发言人，准时到了，一边骂骂咧咧一边等其他人到来。B也准时到了，但是带了女朋友一起来，不停念叨"四点的电影快开场了"。C是3点20到的，A批评C迟到了，C懒洋洋地看表，睁眼说瞎话："有吗？"他们一起给D打电话，D睡梦中的声音告诉大家他正在睡午觉。A一怒之下宣布会议取消，B、C跑得比流星还快，各自找乐子去了。所以，一群太阳星座男正正经经的坐在那里是不大可能地。他们永远会被交通、服装、飞过的苍蝇等一系列突发事件而勾走魂魄。不过，你可以通过网络会议或者电邮来达到会议的目的。因为用摄像头开会，他完全可以一边应付你，一边顺便打个80分什么的。

　　和太阳星座男谈恋爱，是一件非常浪漫而辛苦的事情。和他过Weekend，你千万不要试图提到"安排"、"计划"这样的字眼，这些对于他来说统统不奏效。你安排的周末是：打扫卫生，逛街，看电影，两个人一起做有意义的活动，比如锻炼身体什么的。他会变成：睡觉，打电动，看碟片。然后接了一个电话就抛下你，去和一群兄弟打球。

　　周末的晚上，看见你耷拉着的脸，他一定会良心发现，给你一个惊喜。看着他孩子气的脸，你不忍苛责，叹口气：好吧，这个混乱的周末终于过去了，好在他给我买了最新款的眼霜。等到吃完丰盛晚餐，他翻遍口袋，可怜巴巴地看着你说："钱买眼霜都花光了。"

如果你要嫁给一个太阳星座男，那你一定是疯了。在他们的字典里还没出现"稳定"、"责任"这些字眼前，他们就是只会折腾的恶魔。他们会这个月赚一大笔钱，然后下个月告诉你跟老总吵架，一气之下辞职了。

他们会用年终奖金买一辆哈雷机车这种废物，而不是你想要的家用汽车。他们会在一年之内旅行很多次，而且玩得很落魄的回来。买房子地原因不是出于需要和升值，而是喜欢楼下的小花园。

　　所以啊，你知道了吧，看似灿烂的太阳星座男其实是极度以自我为中心的偏执狂。如果你没有很好的忍耐力和牺牲精神，唔，劝你还是多跟平淡温暖的星星男多来往吧。远离灼热的太阳男，远离他们的疯狂射线，才可以延年益寿，多活几年。

完全告白大作战
||||||||||||||

情书？老土！

短信？没诚意！

托他哥儿们转达？等着成为众人皆知的秘密吧！

哎……

怎样告白安全有效？男生最吃哪一套？哪句情话男生绝对受不了？甚至环境服装表情星座天气……都有不得不分析的道理？

五月天不是在《忘词》里表白过吗："就算失败，面子还在……"

　　清晨一睁眼便迫不及待奔向遇见的公车站台，
而刚刚的梦境中你还问我借半块橡皮。上课偷瞄的是
你，篮球场加油的是你，脑海中偶尔闪过，两鬓斑白
时牵着的仍是你。

　　是的，确定心底已被你的身影占据。

　　日语说"sukida"，韩语是"擦狼黑"，中文是
"喜欢你"……

　　这样简单的三个字，如何能和你在相爱的路口，
完美遇见？

Fight A：非"告"不可の！白！

虽说"喜欢的歌，静静地听，喜欢的人，远远地看。"

可喜欢到抓耳挠腮了，究竟应该怎么办？想告白，先看看，不是所有的暗恋都能顺理成章地升级成执手相看两不厌，而爱情最吸引人的莫过于幻变和不确定的"X"。

目中无人自命不凡的男生，拈花惹草招蜂引蝶的男生，无比八卦尖酸小气的男生……如果你很不幸地喜欢上这些男生，告白风险无疑会大增。所以，在告白前请做好最顽强的心理准备。如果你不怕碰一鼻子灰，不担心成为某一时期大家的谈资，甚至不管告白成功后紧跟着而来的操心闹心。那么，你就去勇敢告白吧！

　　所以，非"告"不可的"白"，其实不是安全系数100%地和他在一起，而是像Jolin新歌里唱的"跟着爱引力，畅游银河系"。心跳浪漫的真爱探险，结果不明的初恋旅程，遵循内心最真诚的感觉，才是"告白"的真正原动力。

Fight B: 哈利路亚~Chance? 不如安吉丽娜·朱莉!

　　有时候觉得，阿哲也是喜欢我的，否则干嘛一直下课时像个狐狸似的在我桌前转悠？（也可能喜欢上你同桌－ －‖）春游聚会一直很绅士地帮我背包开门？（企图分享你书包里的美味便当－ －‖）晚上九点钟还打电话到我家来没话找话？（想抄你英语作业－ －‖）

　　阿哲喜欢你的心思路人皆知，可就是在"告白"环节上迟迟不愿出击，连你都替他暗暗着急。这究竟是怎样一种变态心理？

　　No1.不够自信，担心告白失败颜面无存，连做同学、朋友都尴尬。

　　No2.自尊强，不擅表达内心，宁肯憋死不可低头。

　　No3.反应迟钝，压根不知道喜欢上了你，只知道看你笑陪你闹很爽很过瘾……

　　不是所有人都能遇到《求婚大作战》里的妖精，一声"哈利路亚Chance"便可回到初恋季节，将故事改写。既然男生全都迟钝又臭屁，女生就来做《古墓丽影》里的彪悍女战士，尽情玩一场勇者斗恶龙的刺激游戏。

Fight C：好友应援团！

写封情书托闺蜜交给他？拜托，如果你不想他顺势牵起闺蜜的手。

那他最好的兄弟可以信赖吗？不行，除非你想成为男生圈子里的笑柄。

呃，我承认我是《Gossip Girl》看多了……不过外援嘛，明明可以有更有效更安全的助战方式。

　　找一群朋友玩"真心话大冒险"游戏（当然阿哲要在场），玩什么内容随意，只要你一直输掉就可以。然后Cissy起哄："唷西，现在亲一下阿哲！"你大惊失色："不不不，开什么玩笑！"Cissy让步："那跟他拥抱下总可以吧，不遵守游戏规则玩得还有什么意思！"你装作勉为其难其实暗自偷笑地抱一下，然后说："我去买冷饮给你们吃"。你前脚刚走，Cissy就煽风点火："你觉得她怎么样啊？""跟你说哦，女生如果讨厌一个人是不会跟他抱抱的哦！""你是男生嘛，应该主动点，相信我一定搞得定！"你回来后，大家吃完冷饮继续玩，输的一定得是他。什么！他选真心话？OK！Cissy来搞定："那就对在场的一个女生表白吧。"假戏真做，游戏结束的时候，你们的手就自然而然牵在了一起。

　　除了Cissy，小健也可以来帮忙。别担心他是他最好的兄弟，别害怕他会把你的心思统统泄密，你和他聊到的，只是欧洲杯NBA智能手机真三国无双刘亦菲饭岛爱而已。但一定要热火朝天地聊，下课趴走廊地聊上课传纸条地聊，聊得兴起还要拍两巴掌约好周末一起动漫展，但请记得，一定是纯哥儿们式地聊，话里话外透露着"小健你是我志同道合好兄弟"的讯息（最好小健是个GAY），但在阿哲眼里，一定看得上蹿下跳肝火旺盛咬牙切齿地恨。于是，他终于忍不住跑去找小健摊牌："我喜欢她！"小健回答："那你自己去跟她说呀，难不成还要我帮你啊？"

　　这一招在兵书里叫做："里应外合"，在厚黑学里叫做："该不该买通的，通通买通！"为此请两顿饭实在不算什么。总而言之一句话：好友呐喊助威，上阵得靠自己。

Fight Final: "让你知道我爱你"之必杀技!

无论如何,女孩子总担心"先开口"会染上"轻浮"的嫌疑,害怕太过轻易说出的爱不会被珍惜。那么,就让我们活用Body Language,利用一切可行的机会,让他知道我爱你。

放电:绝对不是变成"核电站",而是了解他中意的类型,在某个午后,在某扇窗口,制造惊艳一瞥的新发现。不要担心自己已经跟他太过熟悉,男生往往会被"一见钟情,发现不一样的你"而惊动"喜欢上你"的那一根神经。

　　崇拜：因为你的宠爱，我便充满勇气。男生感觉到被爱被需要，是你在篮球场边涨红兴奋的脸"加油"，是你请他解决数学题后的一声"谢谢"，是你在雨天忘带雨伞时请他帮忙送一程。是的，也许这一切都是你蓄谋已久的自制巧合，但会让他无比深刻地体会到：他的存在对你很重要。没有什么比这个更能给男生勇气。

　　距离：喜欢，就是一场你来我往的拉锯战。谁说若即若离的游戏只有男生会玩？忽远忽近，捉摸不透的关系，并不是让你作天作地，暧昧不清，而是让他若有所失地发现：原来身边缺了一个你，日子过得一点都不有趣。

　　陪射手座男生去郊游；当狮子座男生的小跟班；巨蟹座男生呢？春游时给他做一个无敌美味的爱心便当吧。

　　别再没头没脑地发短信写情书了，冒冒失失跑到人家面前说"请和我交往"则是最愚蠢的表白方式。这样没诚意又省力的告白，往往不会被男生珍惜。

　　真正喜欢上一个人的心情，一定是忐忑又小心，一定是期待风景看透后的细水长流。请动员起身边的姐姐妹妹，发挥出自己的无敌必杀技，那么多机会，那么多日子，用心对待，坦诚相处的每一分一秒，全都在传达"喜欢你"的动人讯息。

　　至于开口那一秒，牵手那一瞬，请留给男生来完成。

寻找100% "靠谱男友"

||||||||||||||||

谁没有受过不靠谱男生的窝囊气?

约会迟到,交代的事情转眼就忘已是家常便饭。

偶尔失踪,原来是通宵恋战游戏也得习惯。

足球、兄弟、自由,看得比天还重要。

女友、工作、早起,能应付就应付过去。

什么样的"不靠谱男"尚有改造余地?

什么样的"不靠谱男"则终将被扫地出门?

把不负责任的"不靠谱男生"调教成言听计从的"芭比男友"

可行性究竟有多少?

如果说——

他唱歌超级跑调但却是头号麦霸，那他至少能嘻嘻哈哈娱乐大家；他做菜喜欢萝卜海带一锅乱炖，那他至少能用拙劣厨艺温暖你的心房。

但是——

他却偏偏贪恋游戏、懒觉和篮球，仿佛有没有你的存在都无所谓；他突然热情，偶尔消失，让你压根儿不知道他到底在想什么。

　　于是——

　　你会大声抱怨："你可以唱歌不靠乐谱，做饭不靠菜谱，但你谈起恋爱来也这么不靠谱，怎么给我安全感嘛！"

原本期待得到的答案是：他捉住你的手，轻轻揽过你的肩头，用甜言蜜语化解你所有的不安情绪。

结果——

他只是木讷地瞪着你许久，酝酿了半天情绪才来了一句："等会儿想吃什么？"让你再次美梦破灭扑倒在地，用一脸郁闷对着他的笑嘻嘻。

其实——

"不靠谱"是天马行空的生活艺术，是混沌懵懂的纯真地带，是尚可慢慢了解甚至调教的白纸一张。感情中的"不靠谱"，是充满浪漫创意的自由发挥，只要彼此真诚信任，细心了解，一定可以有迹可循，找到属于他的独特情感曲线。

于是——

就算他再信马由缰、无法无天，你也完全知晓究竟该如何弹奏爱情的下一个章节。

"他太重义气，对哥儿们比对我好多了。"

没错！我承认跟他一起踢球一起魔兽一起在大街上泡妞……比陪你看书逛街看电影有趣多了。但就像有时候你会喜欢和闺蜜窝在床上窃窃私语会对我说"男生勿扰"一样，我的朋友圈子，你的兴趣爱好，我们的世界绝不可能完全重合。这不是我们之间的问题。男生和女生，就是因为对彼此的世界陌生又好奇，才能互相吸引。

　　所以，请允许我有时候整个下午都在操场上打球，那是为了锻炼身体；我跟一群朋友胡吹海聊你也不要生气，下次约会一定告诉你那些有趣话题；好兄弟找我帮忙，只要力所能及一定不会推辞，"付出总有回报"是亘古不变的道理……

　　我想，你也不会喜欢上一个无趣、死气沉沉又自私的男生吧。

　　"承诺了那么多，却总是做不到！"

　　喂！哪一次不是你胡搅蛮缠威逼色诱按住我的头扒开我的嘴逼我说出"好啊好啊"这样不情不愿的承诺啊。哎呀，好疼！别踢我呀。

——"我要你带我去天鹅古堡！"

——"要是我们以后也有一个玻璃花房，那该多好啊……"

——"你觉得热气球婚礼和蹦极婚礼，到底哪一个好呢？"

因为我知道，那是你们小女生的终极梦想。在你做梦的时候给你泼冷水，我还不是自寻死路呀。那些答应你的事，其实到最后连你自己也会忘掉。因为你说过：在和我牵手寻找风景的过程，其实就是最美的风景。

重要的不是什么事，而是和谁一起去做，对吧？那我们今晚去吃牛排吧，答应要请你吃顿大餐的，省得你总说我答应你的都做不到。哈哈。

　　"什么都记不住！约会时间，我的生日，情人节还有相识纪念日……"

　　好吧，我承认这个是我不对。但你也别总把这些状况和"我不在乎你"这么严重的罪名等同起来呀。虽然我数学一百分，计数第一名，但却总是记不住那些被女生看得无比重要的日期。

　　如果你愿意，可以偷偷在我手机里设置个闹钟，或是提前一周就让死党传达通知。好让我精心准备，提前密谋。到时不满意，再处置也不迟。嘻嘻。

"他有时候会突然消失，我实在不知道他在想什么……"

如果你相信我，就不会问我没见面的那几天，都在做什么。

男生的情绪其实很简单。

喜爱的球队输了。莫名其妙挨了老板一顿骂。一场比赛没有好好发挥。老妈不停地絮絮叨叨。我没有你想象的那么强大，那么快乐，仿佛拥有无穷无尽的能量源。有时候，我只想一个人呆着，打一个晚上游戏，打几盘桌球，拿着遥控器无聊地按来按去，或者索性蒙头大睡。

男生的自我修复能力其实很强，也许不需要倾诉不需要哭泣，只要给他一个专属自己的空间，让他安静地想清楚问题。

其实这几天我也很想你，但我不想让你看见颓丧的自己。

　　从小到大，有那么多的人，对男生提出过那么多标准的"靠谱"。

　　在老师眼里，努力读书就是靠谱；在爸妈眼里，听话懂事就是靠谱；在朋友眼里，讲义气守信用就是靠谱。

从小到大，有那么多属性为"Female"的人，对男生提出过那么多标准的"靠谱"。

七八岁的女生会说：带着自己一起玩的小哥哥最靠谱。花季中的少女会说：每天下晚自习送自己回家的隔壁班男生最靠谱。二十多岁的女孩子觉得不再沉迷游戏，努力上进的男生最靠谱。三四十岁的女人认为每天能按时回家，身上没有"她的香水味"的男人最靠谱。耄耋之年的老太太则坚信，每次过马路都会牵着自己的手，怎样都不放开的老伴最靠谱……

哇塞，女人对于男人的要求还真是随着自己的年龄、需求、生理机能的变化而改变呢。真是太太太太太难为人，太不靠谱了！

其实无论一个女生有多么要强，总是一副了不起的样子，她还是希望走在她左手边的男生有坚强右手可以捉牢，是她的骄傲她的依靠。是在她的心底可以担当得起"男朋友"这三个字的"靠谱男生"。安全感，就是她对"靠谱"的全部定义。

我这话还算靠谱吧？哈哈！

最完美的若即若离

||||||||||||||||

你嫌他太过花心，总是流连别处美好风景？

你烦他太过专情，整日人前人后毫无个性？

太捉摸不定的情感会像风筝飘到无形，太过靠近的距离只会让神秘感尽失而已。

在爱情中，你希望他三心二意，还是小心翼翼？还是，我们都期待某一种"神秘又坦诚"的若即若离？

　　"真的是难以想象哎，你们竟然已经恋爱了……
一年七个月零九天？"小A夸张地叫起来，"而我在
这段时间，男友已经换了三个半。"

　　"说真的，不会觉得无聊吗？天天见面的学府情
侣都做些什么呢，见了面又哪来那么多可说的？"小
B虽然语调平和，但字字都让人心惊肉跳。

　　"嗯……还好吧。"璐然支支吾吾了半天，却始
终说不出"还好"在哪里。

　　和祈齐恋爱将近两年的时间，用"还好"这个词来形容他显然有欠公允，而是……果然，好姐妹小C看不过去了："我说你们两个少给我兴风作浪，就你们之前的那些个歪瓜劣枣，有哪个能和祈齐比？我觉得璐然的那位是打着灯笼也找不到的'新好男生'呢。"

　　"这年头，'新好男生'完全就是无趣加粘人的TAG呢！选了乖、体贴、大方、温柔……还必须收下没空间、腻歪、肉麻、没劲等一大堆不能拒绝的赠品。"

　　"对对对，好到太好，那就无聊。就像再RPG游戏里谈恋爱，即使偶尔有风波，攻略在你手中，还怕不能通关？可意义在哪？乐趣在哪？"

　　"我又不是二十七八九，急着结婚生子，恋爱谈到这个份上，是幸运还是认栽呀？"

　　三个女生再也忍不住，嘻嘻哈哈笑成一团，璐然也跟着尴尬地笑。

　　大家眼中的祈齐，帅气高大，绝对的"第一眼帅哥"；看多了，就觉得离井柏然还是有距离。对哦，他家里超有钱，算是个小开公子哥儿；可我又不是个等待王子的灰姑娘，正上演的至多是青春正剧《Gossip Girl》，跟八点档的《珠光宝气》中间还隔一部《求婚大作战》呢。没错，祈齐运动强，功课棒，没有纨绔子弟的浪荡作风，"尊老爱幼孝敬父母尊重师长同学保护小动物宇宙环保标兵"排行榜统统第一名。但是，岳不群伪装那么多年，最后还不是露出了"伪君子"嘴脸？男生有时得有点匪气，乖得太不像话，就有可能是"彻底匪不起来"的东方不败！

　　不知道怎么了，原本熠熠闪光的祈齐，全部优点都在璐然的眼中被淡化成不咸不淡，而那些原本"无所谓"的"可爱小毛病"，却越来越成为她无法容忍的"眼中钉"。

　　比平时早下楼二十分钟，璐然想："总该偶尔也让他感受到来自女朋友的温暖吧。"可在楼梯转角处，她被立在一旁的祈齐吓了一跳——原来每天早上他都拎着蛋饼牛奶或是吐司片，提前二十分钟以上站岗放哨了。

外出约会前一晚，潞然电话他："明天去做什么？"那头好像在稀里哗啦翻资料："听说新开的主题乐园不错呀……新上映的《海角七号》口碑不错呢……要不去尝尝不远的那家甜品店？"总之第二天两人碰面了，祈齐竟然说："反正可能用到的东西我都带着了，想去哪你决定！"

天哪，那个一脸认真，霸气十足把女主角手一牵，一句"我要带你走"即可让自己抛下一切，追随天涯海角也甘愿的男人，是不是走出小说马上见光死啊？怎么碰不到呢？

不是没有建议过，给彼此的生活留些独处空间，和朋友，或是独处，都是恋爱关系中不可或缺的调味剂。

"又不是一个班，没必要迁就彼此时间，一起上自习吧？"——"没关系，课表我都复印好，只要有心在一起，就一点都不会怕麻烦。"

"你不在的旅途，我发现的美丽风景，回来变成宝丽来，一个接一个兴奋话题，又可以和你聊个彻底。"——"那还不如我跟你一起去，就算半路我们可能会因为乘车还是坐船有分歧。"

　　"你怎么又上我QQ了？"——"那有什么，我把我的MSN校内银行卡密码，统统改成你生日了。我对你，最透明。"

　　"你昨晚九点三刻和谁发短信，前天下午吃了什么口味的冰淇淋，都不用事无巨细跟我汇报呀！"——"可我想知道你的，因为我们恋爱ING，快告诉我尾号2232是谁小学暗恋过的班长血型几号我和你的上一任男友，他好？我好？"

　　……

　　不知道生存环境完全统一的连体人，他们会不会彼此倦怠想要逃离？至少在对完全重叠的生活习惯甚至麻木之前，璐然想要逃离。

　　因为她知道：重叠再重叠，便会有阴影；靠近再靠近，反而看不清。两片屋檐连接起来，檐下燕完全看不见更蓝更宽广的天。

可是……璐然一转身，看见身旁走着的三个好朋友，B和C正在安慰哭泣中的A。

"璐然，还是你好，你看我的男朋友小D，花心大萝卜一个，平时在街上偷瞄辣妹不算，上次还被我抓到和别的女生发暧昧短信，有时看见他的邮箱和QQ开在那里，都真是想看又不敢看，就怕又发现什么惊人秘密，自讨没趣。这不，他又一个礼拜没跟我联系了，真怕哪天突然看见他牵个小孩走在路上，原来儿子已经三岁半！"

　　A的啼泣中分明透露着对自己的无可奈何："可是，有什么办法呢？真心是没办法欺骗内心的，谁让我爱上这个Bad Boy呢？"

　　B叹口气说："小D的坏处，是裹着糖衣让人上瘾的毒药，好吃但沾上就无法撤退，一命呜呼。祈齐的糟糕，是淡出鸟来想要吐掉的药丸儿，虽然吃着味道欠缺，但至少稳定安全，甚至还有延年益寿的神奇功效，你没发现而已。"

　　"所以，"C总结，"虽然恋爱期就能一眼看到六十岁有些悲哀，但总比不知道能不能爱到六十岁，要幸运得多。璐然，你说对吧？"

恋爱期的女生，谁都希望像《Love Shuffle》里的芽衣，能时时看见自己钟爱的学长，发出"Kirakira"的闪耀光线。可惜在现实生活里，没有那么多让英雄发挥的突发事件（英雄总被折腾万一失手挂掉就惨了），又必须和他站得足够远。所以啊，如果有个帅气体贴透明简单的"帅执事"，嘿，就算偶尔会觉得被粘得火冒三丈，一记拳头砸过去，马上消失个彻底，那样多过瘾。

　　是的，很老的歌里这么唱："我们要天天相恋，但不要天天相见。"

　　那么，星期三下午四点，我会偷偷去和你第一次遇见的足球场边，看到你一身新鲜，一如最初的那个闪亮少年，温暖我的双眼。

爱是真心话，你是大冒险？
||||||||||||||

就是那个臭男生！

发型怪异，举止乖僻，老师说他是"学校的渣滓"，爸妈说他是"未来的败类"。

真的有这么恐怖？

更恐怖的是，自己竟然，慢慢慢慢喜欢上他了！

实在是太可怕太荒谬太恐怖太……心动过速了！

　　"拜托，你是《恋空》看中毒了吧！把全世界的不良少年都当成内心纯良的叛逆派？清醒一点，别以为银头发打鼻环的都是Hiro，也有可能是银角大王！"批判完脑袋发烧的同桌还没几天，梓琳就被卷入到本校的一场"妖怪大作战"中去了。

　　事情是这样的，放学后的梓琳一个人经过高中部教学楼下，突然感觉头顶有杀气盘旋袭来。"当心！"还没来得及抬头看，梓琳就被一个陌生男生给"扑倒"了。

　　"什么嘛……"梓琳挣扎着爬起来，刚想起身把那个男生臭骂一顿，他就叫嚣着"你看都不看一眼就往下扔瓶子你XXX找死啊！"然后一路呼啸着冲上楼去了。高三年级还没放学，梓琳就听见楼道里发出一阵阵尖叫和惨叫。

　　虽然压根儿没看清楚那个男生的长相，可他那一头耀眼的银发便是自己最显眼的标签：本校"Bad Boy"代表人物，人称"Hiro二君"。

　　怎样的男生才算是"Bad Boy"？看看Hiro二君就知道了。

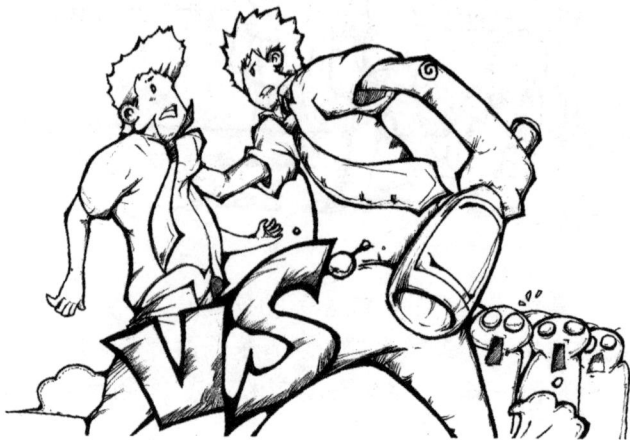

　　银头发爆炸头？人家对老师说自己是"可怜巴巴的少白头"。打耳洞画纹身？据说他身上的洞眼绝对不少于五个，还都在你看不见的地方。迟到早退翘课？拜托这是不良少年的初级阶段好不好。打架会拿酒瓶砸，身上曾被搜出匕首，这类有些玄乎传言的也都是听说的。最让梓琳憎恶鄙视的，是关于Hiro二君"一个月换了五个女朋友"的传说。

　　"哇，他好厉害哦，平均一个女朋友交往一个礼拜都不到！"这个脑残同桌，竟然是一脸倾慕的表情，仿佛恨不得成为他的下一个"七日未满女友"。

　　顽皮一点，淘气一点，叛逆一点，其实都不算"坏到极点"。但"游戏感情，玩弄女生"的无耻癖好，则让梓琳把Hiro二君坚定地划分到"连看一眼都反胃"的非同类中去。

　　然而，就是那一声"当心"，就是那一次从天而降的"扑倒"，却让梓琳心底萌生出不一样的感觉。于是，第二天放学后，梓琳等在高三年级楼梯口，直到人走得差不多了，她才看见那个嚣张的银头发，晃晃悠悠地下楼来。

　　"喂，为了表示感谢，我请你吃顿饭吧。"

　　"哦？"Hiro二君斜睨着眼睛绕着梓琳走了一圈，"答谢救命之恩，女主角一般都会以身相许吧？"

于是就这样，地球无敌乖乖牌梓琳竟然和宇宙第一坏男孩Hiro二君，恋爱ING了！

不得不承认，和坏男生谈恋爱，每一秒都会得到风驰电掣的心跳感受。

　　比如，无论走到哪里，碰到的男生女生都会自动自发地行注目礼，至于究竟是"男才女貌的登对"还是"鲜花插牛粪的遗憾"，那并不重要。比如，感到困倦无聊的下午第三节自习课，教室外会突然冒出一个银发小子，把她劫持到学校外的湖畔绿地，让她"偷得浮生半日闲"。

　　比如，他总会和她聊起那些眼镜男生、优质少年不屑关注或是早已遗忘的UFO、丛林探险、波旁王朝、星际爆炸……

　　比如，她一个人走着走着，突然遇到满脸杀气的小太妹："听说你跟Hiro二君在谈恋爱？"还没等她回答，便会有双温暖手掌拥过她的肩膀，然后她听见旁边的银发少年笑嘻嘻地说："没错，她就是我的压寨夫人，你们还不赶快拜见一下。"

　　那天下了晚自习，他骑单车送她回家，路上看见有偷窃少年被呼啸警车紧追不放。Hiro二君一下子按住刹车，盯着混乱的方向看了好久："对不起，我有点敏感了。上一次，我最好的朋友就是被这辆警车带走的。他喝多了，去偷别人的钱包，我没拉住……"然后，他回过头对她吐叫舌头，恢复顽劣模样。

那个时候，梓琳看见他的双眸熠熠生辉，和他的银色头发一样洁白闪亮。

梓琳终于明白。其实，他根本不似他们形容的那样凶狠残暴，那样浪荡不堪，那些散落在外的主题词是"为所欲为"、"嚣张跋扈"、"滥情下作"的流言蜚语，其实都不是真的啊。

Hiro二君，其实真的就如《恋空》里的弘树一般，善良单纯，是个多么温柔的男孩子啊。梓琳坚定地这么以为。

　　然而，父母和老师则如同遭遇灭顶灾难般布下了自救结界。

　　学校和家里的轮番进攻，从古今中外的悲惨案例到昨日晚报的失足少女，义正词严的呵斥和声泪俱下的做戏，从养儿育女的艰辛到大逆不道的荒唐，甚至班主任还私下找到Hiro二君的父母，请他们严加管教自己的不肖子，不要让他再"毒害无知少女"。

　　总之，当梓琳和Hiro二君再见面的时候，两个人都是红着眼眶，一脸惨然。

　　还没等梓琳说出"我有点受不了"这样的丧气话，Hiro二君就一下拉住她的手，大声说：

　　"我跟他们说。我会改。再也不迟到早退，绝对不惹是生非，不跟那些小混混搅和在一起，好好读书，考上好大学。在此之前，我不会来打扰你的。给你时间学习，也给自己时间去改变。"

　　顿了一下，Hiro二君小心翼翼地说："我，可以在大学里等你吗？"

　　"哇"的一声，梓琳哭出声来，自己怎么可以那么不坚定，差点就打算放弃眼前这个为了她抛弃一切旧日子的男孩。她一个劲地点头："不过，你要答应我，不要改变头发的颜色好吗？"

　　Hiro二君愣了一下："可是，他们都说头发弄成这样，一看就是个小混混。"

　　"不，那是因为他们从未看到过你的本质。三浦春马不会因为演过银头发的弘树，从此就只能扮演不良少年。"看着眼前紧张兮兮的男生，梓琳拍拍他的头发，"银头发的你，我最喜欢了！"

　　跟那些三四十岁诡计多端的欧吉桑相比，青春期的少年们究竟能坏到哪里去呢？其实，他们所有的乖张、反叛、挑衅，都是为了遮掩内心深处的迷茫和寂寞。如果你，正好遇到一个"Bad Boy"，请不要害怕，请相信直觉，请相信你们有足够时间去看清楚对方身上的本质。

　　如果你够确定，如果他够坚定，就一定能用温暖和时间还原出一个白衣胜雪的少年。

　　你要相信，你拥有这样的魔力。

鸡尾酒，七日死

好男生可能是一副坏坏样！

坏男生也可能看上去醇美鲜香。

究竟是什么将一杯矿泉水酿造成鸡尾酒？

一不小心又勾兑成见血封喉的鹤顶红？

这样的男生，才是性情猛烈的毒药。

喝不得，快躲避！

《Sex & the City》当中，一个男人在健身房里
对着镜头很拽地说："男人到了三十岁，马上升值无
穷大。"你看到过了而立之年的男人，要么事业开始
起飞，要么已经攫到人生的第一桶金，再不济的一穷
二白的男人也周身散发着成熟性感的迷人味道，就仿
佛混合着危险的伏特加，甘甜的巧克力的Chocotini
White。在甜美冷清的外表之下，掩饰着不易察觉的
危险气息。让人不知不觉地品尝、迷恋，不知不觉地
醉。

　　每个男人都曾经做过一杯干冽清澈的矿泉水。那个时候，他们只会在夜灯下在女孩家门口徘徊一整夜而不敢敲门。他们只会写七八页优美冗长的情书，只为告诉女孩她的长发有多美。他们只有钱买便宜的小饰品，偶尔请喜欢的女孩吃顿麦当劳已经很奢侈。当然，那个时候的女孩子们也很受用。多少少年爱情都是看似困窘，却是感觉最美的。

　　女孩子长大以后，其实对于矿泉水男孩还是喜欢
的。他们喜欢那种感情中的纯稚和安全感。远的象f4
里的仔仔，近的像好男儿里面的马天宇。无不可以满
足女孩子们对于童话爱情的美好想象。

只是，这些矿泉水男孩似乎更对腰包殷实的半老徐娘们的style。因为他们除了嗲兮兮，娇滴滴，会耍耍简单的小浪漫以外，几乎不能给他的女生带来什么实质性的东西。这样的男人，是摆在家里做花瓶，还是养在房里做宠物，要女生天天家里家外地辛苦维持？得了吧，与其没有物质上的安全感，不如没有感情上的安全感。一个纯情的男孩子会让女生心疼，但是这种心疼就是爱情多一点，还是当成儿子多一点，那就不好说了。

　　于是，鸡尾酒男人的出现不是男人自身的进化，而是市场化需求的催生。鸡尾酒，这样一种原料复杂，口味奇特的酒品，暗合眼神迷离，城府深厚的成熟男人。一般来说，复杂的总是危险的，而危险的总是充满诱惑的。

在酒吧里，什么样的女孩会将后劲十足的鸡尾酒一饮而尽？恐怕还是不谙世事的单纯女孩，她们不知危险，向往诱惑，渴望见识男人的五花八门。而真正与"纯情"放肆对过招的女孩，则会慢慢啜饮，知道何时该抿一小口，何时该猛灌一大口。所以，鸡尾酒男人美味而危险，但是作为品酒师的女生们则是鉴定其档次、纯度的终极评委了。

　　有了殷实昂贵的原料打底，有了先前若干调酒失败的经验，足够鸡尾酒男人驰骋情场，游刃有余。

　　而真正过尽千帆的女孩子，知道鸡尾酒男人能给她什么。给她若即若离的诱惑，给她似懂非懂的暗示，给她热情似火的高潮，给她堕入沉醉的迷幻。自然，还有宿醉之后的偏头疼。

　　但他们却乐此不疲。王菲不有首歌叫《扑火》吗？爱到飞蛾扑火，明知危险也要前行。为什么？诱惑大，快感足呗。尝试了缤纷花哨的鸡尾酒，谁还要喝温吞吞的白开水。

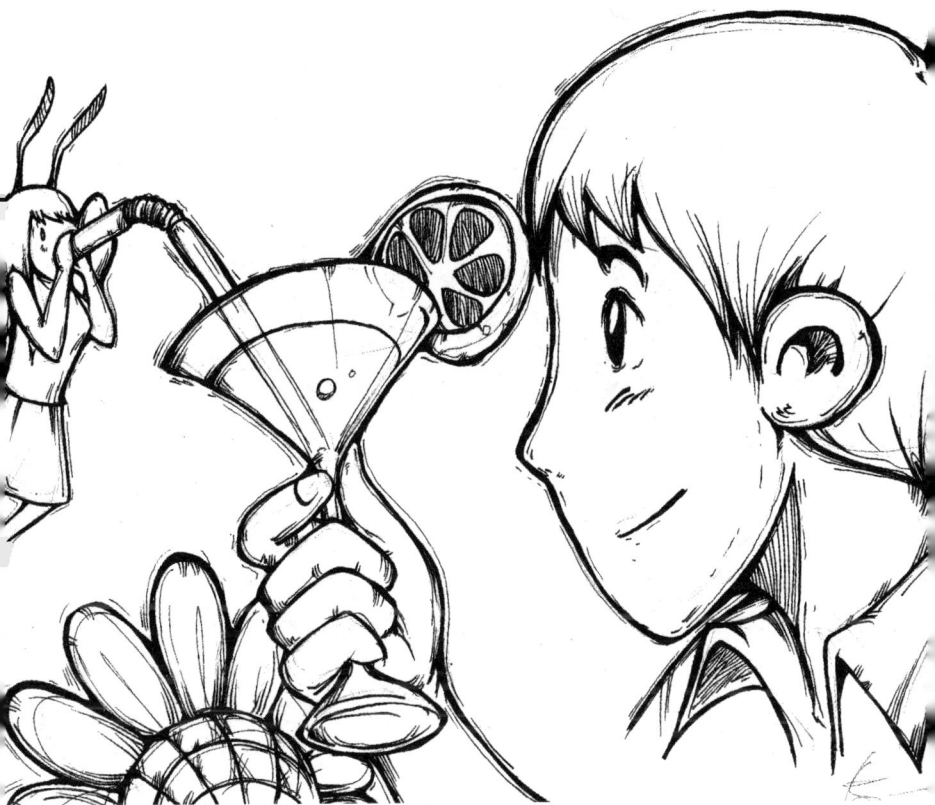

　　Siva是个高且瘦的英俊男人。面容忧郁，笑容无辜，身材颀长，运动拿手。据说从小学六年级刚开始发育时，情书和骚扰就没有间断过。和他一起出去泡妞，我绝对轮空门。我说："Siva，你真是人如其名啊。"Siva得意地笑："哈哈，我是女生的安忒洛斯，男人的福波斯。"我给他一拳："拜托，你不要把印度教和希腊神话混为一谈好不好。"

　　Siva桃花运不断，身边的美女就是那天边的浮云，飘来荡去，从不停留。看得我等泛泛之辈口水横流却又无可奈何。那日，一众在酒吧狂欢，纷纷乘兴向Siva讨教如何做个来去自由的"七日男人"，喝高了的Siva突然号啕大哭："为什么被甩的总是我？"

　　原来不是Siva花心挑选，始乱终弃。而是他在享受着快感的同时，一不小心成就了一批"七日女生"。鉴于Siva的浮云太多，我们就来倒数最近的三个。

　　小桃和Siva相遇在Vita的私人派对上。那晚，出席活动的尽是些文化圈子里的知名人士，各个小心拿捏，拘谨得很。

　　Siva与这个群体并无瓜葛，纯粹是以赖友身份蹭吃蹭喝蹭艳遇。穿着花衬衣和仔裤的Siva手擎香槟穿梭在各只娇艳蝴蝶之间，赚尽眼球。小桃正好也是单身出席，香鬓软玉，风骚过人。

　　当Siva的电眼向姿色颇丰的小桃频频出击时，一切顺理成章。那晚，Siva表演得很卖力，他自信小桃会很满意。当他筋疲力尽地匍匐在小桃的怀抱中时，他说了一句听上去很美的话："做我女朋友吧？我会好好照顾你的。"小桃紧张地点了一颗烟，不耐烦地说："你知道，这并不能代表什么。"然后潇洒地穿衣走人。Siva受到奇耻大辱，在床上抱着被子痛哭流涕一整夜。清晨，双眼红肿的Siva在枕边发现RMB1000，差点当场从酒店的24楼跳下去。

　　Siva和Tracy通过父母安排的相亲认识。本来Siva死都不肯去参加这场"四人晚餐"，老妈一个劲唠叨："你一天到晚吊儿郎当的样子，哪里有正经女生会喜欢你！"Siva向来不能允许别人对他的魅力产生怀疑，按他的话说，是"那些女生死都想跟他在一起，因此谁也无法跟他在一起"。为了证实自己的实力，Siva欣然赴约。

　　Tracy在一家外企做财会，确实是个安分女生。Siva为了显示自己的豪爽男性魅力，在高档法式餐厅安排了烛光晚餐，开了一瓶85年的白马威士忌。整个晚餐过程，Siva掌控全局，谈笑风生。Tracy红着脸，优雅地切开一片片鹅肝往嘴里送，不经意地问Siva开什么车。Siva唾沫横飞地谈了半天他的"千里马"的优越性能。第二天，Tracy委婉地托介绍人转告Siva的父母，说他们不合适。还好Siva对Tracy这种类型的女生本来就没什么兴趣，没多久就忘记了。

　　高中的时候，凡凡苦追Siva三年，未果。伤心的她毕业后远赴澳洲留学。五年后，学成归来的凡凡不光气质动人，财富也相当可观。我们一帮狗友纷纷撺掇Siva走"少奋斗二十年"的捷径，委身于凡凡。权衡之下，Siva终于与凡凡再续前缘，两人花前月下，你侬我侬，颇有一番将似水年华统统追回的气势。Siva煞费苦心地召集了一次高中同学会，并在会上当场对凡凡表白，献上白色玫瑰和若干封亲笔书写的情书。凡凡激动不已，泪撒同学会，颤抖地对Siva说："你真的好浪漫，我当年真的没爱错人。"谁都没留意到Siva嘴角上那一抹得意的笑。

　　没几天，恋情却很快夭折，凡凡不辞而别，回到
澳洲。不光是我们，连Siva都搞不清状况，莫名其妙
地对着一张紫色的信纸："谢谢你给我童话般的美好
爱情，丰富我年少单纯的生命。"

　　凡凡离开后，陷入"七日宿命"的Siva一直很郁闷，直到他看了一部叫做《男人百分百》（What Women Want）的电影。Mel Gibson扮演的男主角突然被赋予神奇能力，能听见女生心底的真实想法。不要以为他从此可以如鱼得水，成为宠儿。结果是他被女生们各式各样的可怕想法和虚伪做作折磨得几近崩溃。看完电影，Siva恍然大悟，绝对不要试图弄清女生到底喜欢什么样的男人，你是在白费功夫。

小桃说："我才不要帅哥做男友，绝对会出轨，没安全感。花花男子，做平淡生活的调剂即可。"

Tracy说："一个开千里马的男人怎么可以随便请人吃鹅肝套餐？太不会过日子了吧。就算开宝马，也不能这么虚浮啊。"

凡凡说："初恋是美好的，爱情是要浪漫的。但我要的是真实的，懂得珍惜的感情。在我生病时喂我喝水的男人，远比停留在青春里的少年生动得多。"

可惜这些话，我们谁都没有听到。

从此，Siva继续扮演着他自诩风流的"七日男人"。而在我们眼中，原来艳羡不已的"七日男人"，现如今却与"情剩"划上了等号。

你这个骗子，我不是傻子！

||||||||||||||||

恋爱中的誓言=谎言?

恋爱中的真相,就该睁一只眼闭一只眼?

坚决不要委曲求全,敷衍欺骗的男生一定要被判出界?

等等!请再给他一次解释的机会,让你知道,有时候,骗你其实是因为……

又想来骗我!

不听不听不听不听不听不听不听!

在萧萧看来，"说话太多"显然是"紧张"的表现，"解释太多"显然是"掩饰"的表现。就像此刻坐在她对面的研一。

"这几天真的特别累。昨天，一整个下午都在操场上踢球，从一点一直到天黑吧，人都快要虚脱了。后来跟宿舍的兄弟们去吃饭，有人过生日嘛不是，一直闹到半夜。今天一大早又爬起来上实验课，结果那个牛顿环测定实验一直都没做成功，拖拖拉拉就到下午了。哎！待会跟你吃完饭，学生会又要开年终总结会，我都两天没洗澡了，身上臭死了。对了，我明后天都是白天全天有课，周末还要去图书馆赶论文，下午还有场球赛。这还让不让人活啦……哦，对了，菜单给你，看看要吃点什么？"

　　"哎，什么快就吃什么吧，老板，来两碗牛肉面。"和这样的大忙人谈恋爱，真是要有"只争朝夕"的牺牲精神啊。

　　从研一刚刚的那段话里，萧萧至少听出了以下四层意思：

　　昨天下午你给我打电话我没接，不是我在躲着你，而是我在踢球，没听到。

　　第二，今晚的约会项目只有这碗面，后面我还有其他安排。

　　明天，后天，一直到这个周末，你都别约我，我忙着哪。

　　第四，我可都是在忙正事，所以有什么怠慢疏漏的地方你多包涵着点，可别怪我忘发短信不打电话给你。太作的话，我可是要翻脸的哦。

　　总而言之一句话：研一已经做好了随时叛逃的准备，并为他的"另寻新欢"找到了相当华丽的理由。

　　想想和研一谈恋爱的这半年时间，萧萧一直觉得自己很辛苦。其实从一开始，研一就不是一个够坦诚的男生。

　　比如，明明看见他在讲电话，只是随便问一句："和谁聊得这么开心？"他却用一句"没什么"敷衍过去，然后把话题转移到"下午想去哪里逛"。什么叫"没什么"？"没什么"又是什么？"没什么"你对着电话喋喋不休是在跟空气进行辩论赛啊？

　　又比如，看见他在走廊里跟一个女生打招呼，全世界的人都知道那个女生在疯狂地追他，可他竟然还能用一句"不太认识"搪塞过去。是你后知后觉到老年痴呆的地步，还是把我当成宇宙无敌大白痴？

　　还有就是，每次问到他以前的女友和恋情，想分享他的回忆和生活，他只会说"不太记得了"，要么就是"没什么好说的"。别以为我没听你的好兄弟说过你的那些罗曼史，别指望我会把你当成个白纸一张的纯情小男生。

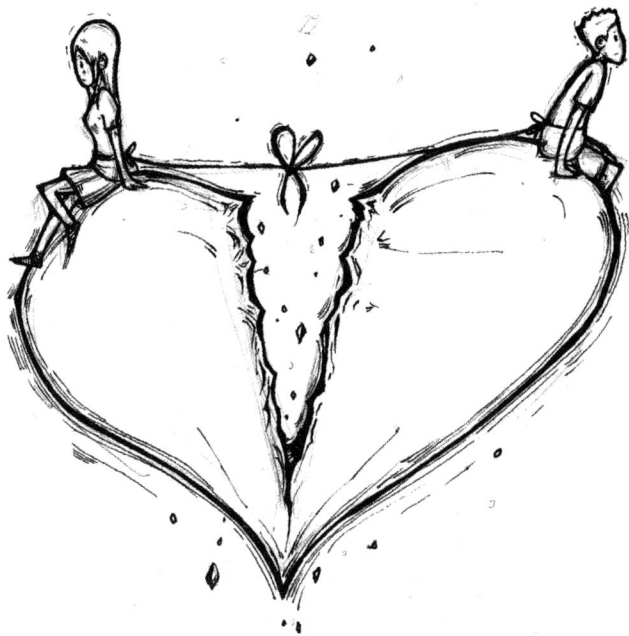

　　小小细节的堆叠，累积成彼此间愈发遥远的距离。萧萧想要了解的，不过是研一的过去，现在和内心；而研一每次回应的，却是模糊不清的敷衍。不，有的时候，甚至是拙劣的欺骗和逃避。那么，在并不遥远的未来，又还会有多少次欲盖弥彰的掩饰和不负责任的回避呢？

　　这么想想，萧萧是觉得有些伤心了。仿佛这一场爱情拉力赛，一直都是自己在前面拉着他跑，拉着不情不愿，心不在焉，东张西望的他往前跑。终于连他都感觉疲惫了，那自己再如何拼尽全力，恐怕也很难坚持到终点吧。

　　也许每一次见面时，研一看似滔滔不绝，实际全都无关痛痒的交谈就能说明：看，我们聊得多无聊。关于分手的事情，我也在等你先说出口吧。

　　仔细考虑了两三天，周六的晚上，萧萧决定在电话里对研一说分手。

"我知道你很忙，所以……就在电话里说吧。"
萧萧内心忐忑。

"不忙啊，我在宿舍睡觉呢。"那边研一的声音
慵懒涣散。

"睡觉？不是说要赶论文，很忙吗？"你什么时
候才能对我说句真话呢？

"白天一直都在弄，整个脑子都快烧糊了。对
了，我正好也有事想跟你说。"研一仍是漫不经心的
口吻。

"你先说吧。"萧萧心里咯噔了一下。终于，终
于还是要被他先说出来了。

"这几天你在忙什么啊？短信电话都没一个，挺
想你的。"研一还是不太习惯，说出来的话有些磕磕
巴巴。

"啊？"真是让人意外的告白，愣得萧萧半天没
回过神来。

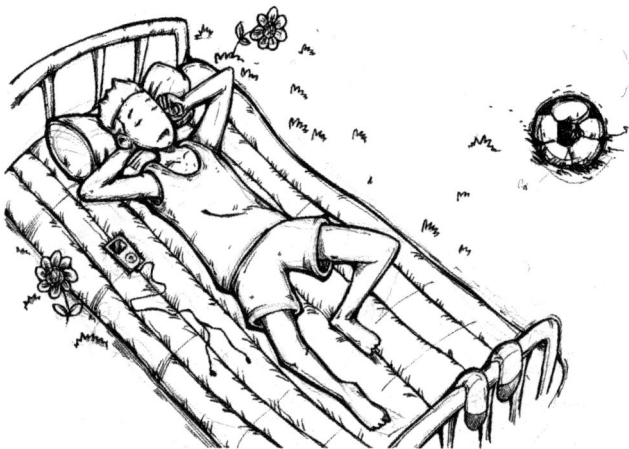

　　"你明天下午有空吗？我足球赛，能不能，来帮我加加油？"研一说。

　　"啊？"真是让人意外的邀请，萧萧继续目瞪口呆。

　　"你是不是没空啊？"研一明显着急起来了，"我觉得，你最近对我特别冷淡，好像有什么事瞒着我似的。我都跟你说了周末的安排了，可你一点反应都没有……"

　　"啊？"真是让人匪夷所思的吃醋。听到这里，萧萧已经由原来的双眼噙泪，笑到快要气绝身亡了。

绝对彼氏

就是这样的。

男生不愿跟你说刚才跟别人打电话都说了什么，不是一定要隐瞒你。而是他觉得，那些事情跟你无关，不想让他占满和你约会的宝贵时间。

男生骗你说不认识那个对他穷追猛打的女生，不代表他想去偷腥。而是他觉得，多一事不如少一事，只要自己心意确定，干吗要让你心里添堵，紧张兮兮。

男生不想和你回顾他的那些浪漫往事，不是说他还念念不忘。而是他觉得，那些真的是云淡风轻的往事。何必翻箱倒柜，然后不小心打翻你的醋坛子。

男生跟你说他多忙碌多没空多身不由己，无非是想告诉你他多用功多努力多吃得开多受欢迎。他们交际用功踢球，还不是为了能让你多看他两眼。留给你完全透明的行程安排，让你感受到他的坦诚，同时也希望能听到你主动说："比赛时，我来给你加油吧。"

　　有时候男生真的不太知道，跟女生约会的时候该说些什么。他们不知道女生对什么感兴趣，会因为什么而生气，又最想听什么样的甜言蜜语。至少恋爱经验不丰富的男生，为此很苦恼。

　　于是，他们只能大侃特侃老师的外号下周考试要准备的资料外星机器人的型号还有就是《死神》放到192集了周末一起看好不好。压根儿没想到滔滔不绝也会让你感到无聊。

　　别抱怨为什么会有这么多尴尬的交错。男生跟女生，本来就不是同一个星球的嘛。

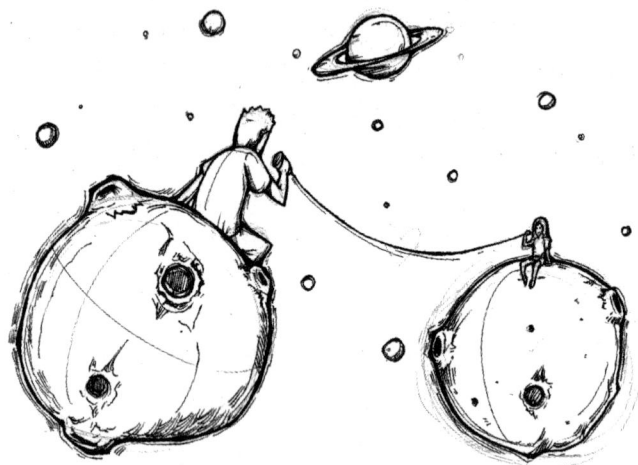

玩不起的，暧昧

喜欢我？不喜欢我？喜欢我？不喜欢我？喜欢我？不喜欢我？

他对我微笑，他接受我礼物，他说和我聊天很开心。那么，他喜欢我？

他和她跑步，他给她发了同样的短信，她甚至还来问我："他是不是喜欢我？"那么，他应该不喜欢我吧？

暧昧真的让人受尽委屈。

玩不起的暧昧，浪掷不起的青春。

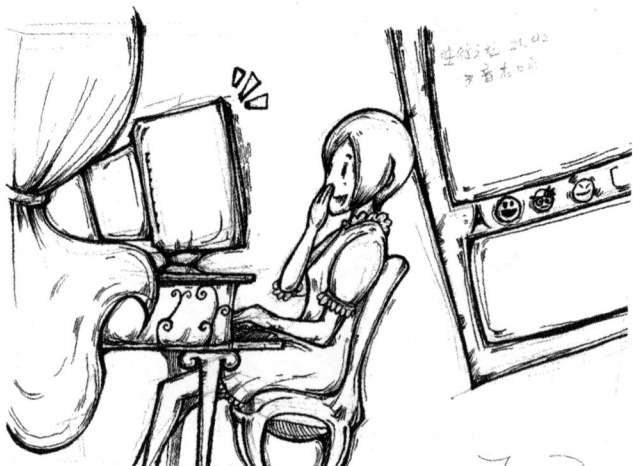

　　在教室里的位置，是隔着两排又四行的遥远距离。她只记得，最后两排几乎全是人高手长的男生，而他是眉目最清秀，笑声最夸张的一个。坐在女生堆里的她，戴着近视眼镜，身材尚且扁平，不是不自信，而是确实找不到什么可以让他记住自己的理由，更不用说能越走越近，成为朋友。

　　直到那个礼拜天，她做完作业洗完澡，一边上网逛论坛一边等头发干。突然，看见他的头像在QQ上跳了起来。那个金色头发的男生头像，那个叫做"逆行之龙"又张扬又傻气的昵称，是她无数次点开班级QQ群，想说话却找不到任何话题的对象。

——文音，在吗？

——呃，你知道我是谁？

——当然咯！

仿佛突然得到了某种权威认证，她竟然开心得有些颤抖。他竟然认识我，知道我的名字，还自作主张地去掉姓氏直呼名字。"搞得我好像跟你很熟一样！真是的！"她把桌上的小镜子拿起来左照右照，突然发现自己其实很可爱。

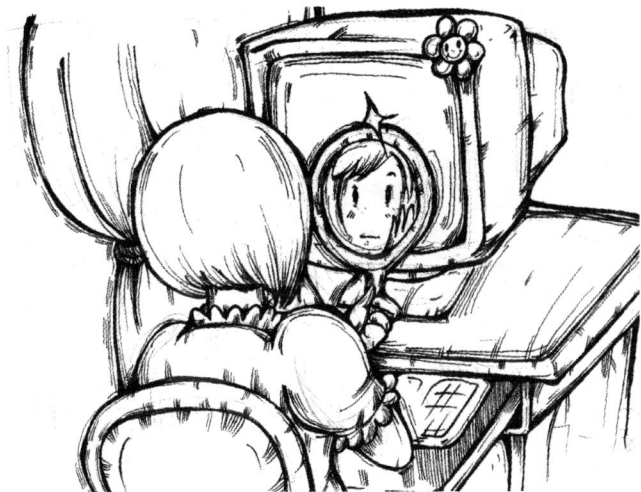

——你数学作业做完没？能不能帮我打几道题过来？我在群里叫破喉咙了，也没人理我。

——嗯，好呀。

——谢谢，么么！

然后跟着发过来一个正在"亲亲"的红色嘴唇。

啊，怎么可以这样！虽然是虚拟图标一枚，她在网络这头还是羞红了脸。思忖了半天：究竟是该回个"抱抱"的图标呢，还是索性什么都不说？要么发个"一头汗"的图标吧？这一个简单的回复便把她弄得方寸大乱，直到"逆行之龙"再次叫唤起来："在不在啦？先把答案打给我才许睡觉哦，乖。"

　　一整个晚上，她的脑子里都反复出现那张叫她要"乖"的"红色嘴唇"，心想：他在网上还真是和平时对女生爱搭不理的形象完全不一致呢。那么，他是对所有女生都这么张口就"亲亲"？难道，是平日里尴尬疏离的男女生关系，让他把和自己"进一步发展"的可能性憋成了泡影，终于等到今日聊天室里千载难逢的机会。

　　仿佛开启了某道神秘大门，原本毫无瓜葛的两个人突然发现"原来你也在这里"，于是之后的眼角眉梢都找到了存在的意义。

　　至少在文音看来，这一切非常神奇且心存默契。

　　上课的时候文音起来回答问题，一时思维阻滞紧张兮兮，是后面他的声音大声提示："选B。"在学校的珍珠奶茶铺碰到他，随意说起："新品味道不怎么样。"他便说："我知道有家味道不错，下次一起去喝啊。"下了体育课从教室后门进来，他突然说一句："今天表现不错嘛，看见你的绝杀扣球了。"在QQ上碰到他，总是会很主动地跟她打招呼，然后絮絮叨叨地瞎扯个没完。类似的细节还有很多，似乎全都在表明着一个迹象，那就是：他在意她，想要跟她靠近一点，再靠近一点吧。

因为对方的积极主动，文音也一扫之前"因为难以置信而无动于衷"的态度，慢慢大胆又直接地对全班同学表达出"我们不止是同学，还是朋友"的讯息。

比如，他在篮球场上奋勇搏杀，她在场外只大声为他加油。比如，放学的时候推着车子遇到他，两个人会一起走一段距离，直到各自拐弯的路口。比如，圣诞节的时候，她买了漂亮的雪景玻璃球送他，引起男生的一阵起哄。别人问她："你们什么时候那么好了啊？"文音只是笑着说："哪有啦，就普通朋友啊。"普通同学需要好成这个样子？鬼才相信咧。

虽然还在读书，身边已经有好多对学府情侣，恋情在半明半暗的状态下滋长着。文音也在期待，是不是突然有一天他会跑来对自己表白。那自己究竟是该顺理成章地点头呢，还是半推半就地再摆摆姿态呢？无论如何，你都是占据主动地位的"被追求者"，适当地骄矜一下还是有必要的。

只是，等来等去，他的主动好像仅限于"到此为止"的样子，两个人的关系停留在口头上的亲近美好，再往前伸展一步，都觉得有些力不从心。

比如，在网络上聊天，除了听他东拉西扯NBA或是PSP游戏，每每聊到人生啊，理想啊，或者是不是有喜欢的女生啊，他都用一大堆稀奇古怪的图标糊弄过去，然后紧跟着一句："我去睡觉了，安咯！"不知是有意回避，还是当真无从谈起。

或者是，他曾说过的"要带她去喝好喝的奶茶"，他只是随意提起，她却一直牢记心底。终于忍不住发短信问他，他却回："我最近忙补习没时间去哎，要么你自己去吧，地址是某某大街多少号，真的很好喝哦。"气得她把手机摔掉，谁在乎那奶茶味道如何啊！

而突然有一天，下了体育课的文音走到教室后门口，突然听见他说："刚才看见你羽毛球连赢三局哦，我们都为你鼓掌呢。"一进门，看见另一个女生正红着脸在笑。

　　又是一个星期天，做完作业洗完澡的文音打开QQ，看见"逆行之龙"又在嚣张地叫唤她："在不在啦？数学作业！快！么么！"她看见那张鲜艳嘴唇就来火："以后你别对我发这种图片了！"他连发三个问号过来："怎么了？"她说："没什么，叫你别发就别发了！"那头憋屈了半天说："你别闹了，乖。先把作业发给我。"

　　男生真的是很现实的动物，很多时候的"主动示好"或是"没事套近乎"，并非表示他对你很感兴趣或有别的意思，很有可能只代表他们需要你帮个小忙，并且是"免费"、"不花代价"的那种。也有一些时候，他们纯粹是怕气氛尴尬或是突然冷场，没话找话地表现得跟你很熟的样子。当然不排除一些男生，会把女生们当成自己个人魅力的试炼场，动动嘴皮耍耍帅就可以HIGH倒一大片，多有成就感。

　　无论是哪一种原因的暧昧，都是你投入不起的猜
测游戏。大多数男生的情感比女生简单得多，"你是
之一，他是惟一"的状况害得你失魂落魄，他却只能
对你瞪着眼睛，完全不知道自己有什么错。

聪明女孩都有一个 "OK绷男友"

||||||||||||||

谁说?

一定是男生流连花间,徒留女生们凄凄惨惨戚戚空悲切?

谁说?

一定要男生俊美多金温柔,博学又体贴,才能留在你身边?

谁说?

每个女孩都要一个"GAY MAN"来做闺蜜?

NO,换我说!

每个聪明女孩都该有一个"即取即用",然后"即抛不留痕"
的"OK绷男友"——

绝不是玩暧昧,最忠诚最妥帖的那个存在而已。

　　女生天生是耐不得寂寞的动物，身边永远需要姿色各异的雄性当陪衬。只不过，陪衬们明知道自己也许永远没有登堂入室的那一天，却甘做扑火飞蛾，趋之若鹜。

　　Kiky在小渊的眼中一直是一只骄傲的孔雀。漂亮的脸孔和轻盈的身材是天生的，优渥的家庭背景和良好的教育程度则是增值的。说起话来，一双迷人的大眼睛忽闪忽闪，声音嗲得让所有男生都丢失魂魄。

　　这样一个从初中开始就成为班花的尤物，身边自然男性笼罩。很不幸，小渊就是其中一个。很幸运，他似乎是最得宠的一只大蛾子。

Kiky对小渊绝对不是呼之即来，挥之即去那副腔调。她需要时，会在电话里情意绵绵地说："啊呀，人家心情不好嘛。"然后小渊不管是在蒙头大睡，或是忙得焦头烂额，立马抽身而出："好好，我二十分钟后来接你。"被一个大美女这样需要着，那种得意足以填补男性的所有必需。

Kiky是知道小渊的狼子野心的。女生的厉害之处，就是明知道你对她垂涎三尺，却又愿意让你接近。更厉害的是，让你觉得她对你青睐有加，却又不敢继续造次。关系就停留在"发乎情，止乎礼"的层面上，更进不得。

　　比如，跟她在一起的时候，她总是面作花痴状：
"小渊，昨天你的三步上篮真的很帅耶……"然后小
渊就觉得，嗯，很帅，挺直一下腰杆子。还没来得及
对她的柔媚发出回应，她就拖着他的胳膊说："走
嘛，再陪我逛一会这个商场。"小渊拎着她的大包
小包，屁颠屁颠地跟在后头。小渊说："其实昨天
吧，我发挥得还不够……""哎，小渊，Ryan要过生
日了，你说我给他买什么礼物呢？""呃……""小
渊，我相信你的品位哦。你说买soul香水怎么样？"
"呃，还不错啊。""唉，最近总是有人说Ryan配不
上我，弄得我晕的很。你觉得呢？"

　　小渊差点没被一口口水给呛死。Ryan三十未到，已是设计院的职业设计师。房子虽然不是别墅，车子虽然不是Mini宝马，但总是比他这种还要每月还贷款的月光小王子强多了。小渊开始结巴："我觉得吧，Ryan……"叫小渊说这个眼中钉的好话真是太伤人了。可是，无论哪方面，他确实比自己强。一直在心里倒背如流的情话，还未说出半个字，就已经被打击得粉身碎骨。

　　于是，小渊这个"后备男一号"扮演的角色，往往是逛街拎包客、晚餐陪吃客、无聊陪聊客、男性心理分析师。小渊常常郁闷，什么时候他这个"后备男一号"可以顺利升级，至少可以偶尔扮演体现男性魅力的角色，不像现在，整个一贴身保姆。

　　机会终于到来。Kiky和Ryan大吵一架后，即兴分手。Kiky说："小渊，我在酒吧等你，不来我恨死你！"听得出声音中的几分不快和醉意。心里怜惜的同时，更多的居然是一种即将得逞的亢奋。小渊穿上得体服装，仔细地梳头，刷牙，洗脸，去角质，润肤。临出门，稍微喷了点weekend香水。进酒吧之前，还"刷刷"地挤了几滴口腔清新剂。一切Perfect，小渊要以最好的状态迎接转正的光辉时刻。

　　Kiky已经醉了七分，看见小渊就小声地开始啜泣起来。小渊顺势很潇洒地搂过她，她安静地伏在他的肩膀上。"小渊，男人怎么都这么坏呢？我还没嫌弃他老土，他倒觉得我太招摇！"小渊拍拍她："哪里会啊，你看我就不是这样的人啊。"

　　感觉越来越好，身体中的火苗开始点燃，小渊正想低下头亲亲她的脸颊，Kiky突然抬头，双颊红润，眼色迷离地说："嗯，还是小渊好，我一直觉得你和那些男人不一样。所以，我当你是我最好的姐妹！"

　　一盆冷水从天而降，手中的伏特加瞬间结冰。小渊尴尬地"哈哈"了两声，最佳男配角晋升男主角的美梦就此破灭。

读中学的时候喜欢的一个作家陈丹燕小姐有本书叫做《鱼和她的自行车》。小说的情节基本已经含混不清了，但是隐隐记得陈小姐对于青春期少女的隐秘心理和生理世界描绘得相当精彩细致。因此，当年这本书还是以地下传阅的方式在男生中流行了蛮久时间的。那时候小渊们不懂书名是什么意思，鱼和自行车的比喻太有魔幻现实主义色彩了。后来才知道，原来这位陈小姐是个不折不扣的女权主义者，这本书名取自20世纪美国性解放运动的口号："女生需要男人，就像鱼需要自行车。"鱼需要自行车吗？当然不需要。因此，女生一点也不需要男人。了解这一点的小渊们大惊失色，不明白女生们为什么会突然这么咬牙切齿地想把男性赶尽杀绝。

日本导演、作家村上龙说得好："所有的男人都是消耗品，用完即弃，以旧换新。"在女生的恋爱成长过程中，当然是需要男性角色的。一个缺少蜂蝶围绕的女生能称之为女生吗？只是，很多男人都是某一阶段的消耗品，得以利用的只是他目前的使用价值。至于未来是否能增值，女生们只能挑准那个最有把握的来赌一把了。当然，也有女生眼光差一点的，挑谁谁贬值，搞得自己身价一跌再跌，惨淡收场。

　　早在大学时候，女生当中就流行"找个男友当饭票"这样的说法。社会发展的原始阶段，个个的荷包都很紧张。唯独男生的钱包是最好挖开的。因此，常常看到某较抢手女生是吃完白天赶夜场，陪完同学见网友。女生的论调是："男生太无聊了，其实就想找个美女一起吃饭聊聊天，我们还要精心装扮，胭脂水粉也是要成本的。"有良心的女生下手还不会太狠。但那时就有一个女同学，每次见网友都是携带全宿舍姐妹一起赴宴。扶着墙进去，扶着墙出来，那股生猛劲真让人寒心啊。

被女生当饭票敲诈还算小事，顶多损失点银子，以后上网把她拉黑名单得了，不会有什么血光之灾。

还有一哥们，喜欢一女孩好多年。可是女孩早有男友了，爱得死去活来的。可小渊这哥们还不甘心，一直属于呼之即来、挥之即去的小贱人类型。这下好，每当女孩子和男友吵架时，总把他搬出来说事。什么"你都不知道珍惜我，你看那谁谁谁把我当宝贝一样。"吵得厉害的时候，更会把他当成避风港，又哭又闹发酒疯，那哥们就好脾气地受着。

有一度他们分手，女孩转投另一个哥们怀抱，他开心地以为自己终于修成正果。没几天两人破镜重圆，把他又丢一旁去了。正牌男友几次扬言要揍他，朋友们也误会他撬别人墙角。弄得他里外不是人，估计只有那个女孩在一旁偷笑吧。

这年头，毕竟是小康社会了。女孩绝不会为了一顿大餐欢天喜地。一女生说得好："每个女生都需要一个创可贴男友。哪里受伤了，流血了，一贴就管用。伤好了，马上撕了扔掉，包太久反而不透气呢。"

这也正是村上龙大师"消耗品"理论的民间版本。果然智慧。

女生的恋爱死穴

恋爱ING的日子里……

一切全都甜暖美好，盛世太平？

肉眼看不见的隐忧。

心眼猜不到的麻烦。

阴魂不散前女友？多快好省泡妞法？

了解男生怎么想……

女生最爱！男生最怕！

Everyone has a little dirty laundry。只是，有的秘密可以终生埋没，而有的人就没那么幸运，随时都有被翻案的可能。

一场精彩的三堂会审正在阿彦家的客厅进行。法官、陪审团、狱警以及原告都是阿彦的老婆Shelly，被告自然就是可怜的阿彦。

显然，Shelly非常习惯平日在家颐气指使的角色。因此，她的楚楚可怜，在阿彦的眼中，竟然有些装腔作势的味道："你自己看。你不是说已经过去了吗？这些是什么？" Shelly虚弱地说完，扬扬手中的手机话费详单。阿彦瞪大眼睛，看见一米多长的短信清单上，有个号码被红色水笔严重地划了圈。"这几条短信，时间分别是18号21：03，19号10：21，以及22：15。那天晚上，你跟我说你在开会！"Shelly眼睛红了，声音颤抖起来："阿彦，我觉得我们完蛋了……"

阿彦一把拉过话费单子，看见那个手机号并不熟悉，心里正嘀咕，Shelly说："别作出一副无辜表情。装作不认得这个号码？这是Fifi的。"阿彦的脑袋"嗡"地一声大了。

Fifi是谁？阿彦的上一任女朋友。那几乎是三年前的事情了。那时候，阿彦刚刚大学毕业，和Fifi这一对学府情侣也因为Fifi要回老家工作而分道扬镳。然后，阿彦活得现实，很少思念，把所有不爽和精力都埋葬在工作当中，几乎与女色绝缘。再然后，阿彦遇到了Shelly，这个他认为几乎"完美"的女生。

沉溺在幸福感觉中的阿彦对Shelly信誓旦旦："宝贝，你是我此生最爱的女生。"Shelly"哼"了一声："那第二爱的呢？""老妈。"阿彦滴水不漏。"第三？""呃……应该是Fifi吧。"Shelly这只狡猾的狐狸嗅到了另一只母狐狸的骚味："Fifi是谁啊？""呃，是我的初恋女友啊。大家都说，初恋是最难忘的嘛……啊呀，说这个干嘛。这都是哪一年的事情了。""不嘛，我想听听啊。我想了解以前的阿彦是什么样呢。""哦，你确定不会吃醋吧？那是五年前夏天的事情了，我在校园的操场上遇见Fifi……"

    终于，在Shelly的循循善诱下，阿彦很享受地回顾了他和Fifi的青涩恋爱史。他没有留意到，在他幸福自豪地回顾战斗史时，Shelly已经在心里冷冷地哼了一声又一声。他更不会料到，为显示忠诚的掏心掏肺竟然成为这样一根导火索。

    "其实，我也理解你们。毕竟，你们当年分手是迫不得已，不是彼此感情的原因。"Shelly一边说，竟然小声啜泣起来，"可是，你也太不照顾我的感受了。旧情复燃很爽吧？鸳梦重温很刺激吧？"阿彦见不得这架势，结巴起来："老婆，我真的没有啊。"

"18号，Fifi到苏州，约你见面。但那时我在你身边，你没有机会。19号，你给她发短信说你今晚以加班为借口，可以和她约会，并约好时间地点。10点的时候，你到了她的酒店，给她发短信说你要上来了。怎样，我的推理没错吧？"Shelly坐在一边冷笑着。

阿彦的头皮一阵阵发麻，女生的逻辑推理能力真是奇怪得可怕。事实是，Fifi来苏州公干，提前一天请阿彦帮他订房间。19号上午阿彦订好房间后发短信告诉Fifi，晚上10点Fifi安顿好后发短信感谢他。

　　"我那几天忙得连睡觉都不满4小时，还有时间偷情？"阿彦抱着酒瓶向我们倒苦水："兄弟们，千万不要以为女生想了解你们的浪荡史是多么爱你。她们只是想全面考察各项数据，将"前女友复辟事件"彻底扼杀在摇篮中。搞不好还会像我一样，没吃到羊肉还染一身膻。"

　　如果是你，该怎么办？一句电影台词："打死我也不说！"

　　会后，Tony几方打听，原来Maisie是总部新调来的一个管理人员。职位比他高，薪水比他高，能力似乎也相当优秀。Tony有些紧张，觉得这块蛋糕不好啃。

　　Tony用公司信箱给Maisie写信，约她共进午餐，地点就在公司楼下的拉面店。吃饭时，Tony自信满满，谈起他对目前工作的想法以及对于未来职业的规划。Maisie觉得莫名其妙，不知道这个看似单纯无辜的年轻人到底是什么意图。

第二次约会是在书店，Tony指着一排排专业书籍如数家珍，滔滔不绝道出每本书的特点和不足。第三次在体育馆，他们一起打羽毛球，Tony尽显专业精神，把Maisie杀得片甲不留。终于，第四次约会的时候，Maisie忍受不了，含羞带怯地说："Tony，我们算是在谈恋爱吗？"言下之意是："TMD，你到底要不要泡老娘！"

（听到这里，阿Sam和Kelvin已经心惊肉跳："那你怎么说啊？"

Tony得意地说："你们有够笨啊。如果女孩子对你没意思，干吗每天陪你到处杀时间，听你没完没了的唠叨，还要AA付账。"）

　　Tony装出一副天真受惊的样子，瞪着眼睛对Maisie说："你是说，我……和你？哦，不行。哦，我的意思是你那么优秀，各方面都比我强，我……配不上你的！"

　　Maisie感动得一下子拉起Tony的手："Tony，我不在乎你现在有多少钱。在我心里，你是最有潜力的绩优股。"

　　"啊，那你泡到Maisie几乎没有投入什么成本啊？"

　　"当然不是。求婚那天，我花了所有的积蓄给Maisie买了一颗足够光鲜的Tiffany。兄弟们，这个可省不得。"说完，Tony就下线抱儿子去了。

　　阿Sam和Kelvin为Tony的"成本控制＋精品路线"恨得牙痒痒。那天晚上，他俩在日记本上写：

　　泡妞省钱大法：第一，尽量将暧昧期拉长，最好熬到妞自己熬不住，自投罗网。第二，表现自己的富有和派头是没有什么意义的，关键是各方面的能力……第三，跟钻石相比，鲜花啊小礼物啊都是垃圾。没有女生不喜欢钻石。

　　当然，女生心里最亮的钻石一定是自己钟情的那个男生。